The Enchanted Gelateria And Other Bilingual Italian-English Stories for Kids

Pomme Bilingual

Published by Pomme Bilingual, 2024.

While every precaution has been taken in the preparation of this book, the publisher assumes no responsibility for errors or omissions, or for damages resulting from the use of the information contained herein.

THE ENCHANTED GELATERIA AND OTHER BILINGUAL ITALIAN-ENGLISH STORIES FOR KIDS

First edition. October 24, 2024.

Copyright © 2024 Pomme Bilingual.

ISBN: 979-8227632272

Written by Pomme Bilingual.

Table of Contents

Il Piccolo Inventore di Napoli 1

The Little Inventor of Naples 5

La Giostra delle Parole 9

The Carousel of Words 15

I Misteriosi Boschi di Sorrento 21

The Mysterious Woods of Sorrento 27

La Gelateria Incantata 33

The Enchanted Gelateria 39

Il Tesoro del Mare 45

The Treasure of the Sea 49

La Foresta Parlante 53

The Talking Forest 57

Il Piccolo Inventore di Napoli

Nella vivace città di Napoli, con le sue strade tortuose e i suoi edifici colorati, viveva un giovane ragazzo di nome Luca. Luca aveva una chioma disordinata di capelli ricci e occhi blu scintillanti che sembravano brillare di idee. Mentre gli altri bambini giocavano a calcio o scalavano gli alberi, Luca trascorreva le sue giornate sognando di diventare un inventore. Raccolse oggetti scartati dal mercato: lattine vecchie, giocattoli rotti e pezzi di spago, e li trasformava in gadget eccentrici che nessuno aveva mai visto prima.

"Guarda, Nonna Rosa!" urlava, correndo nel loro accogliente appartamento, dove l'odore di pizza appena sfornata aleggiava nell'aria. "Ho inventato un cappello volanti!"

La sua nonna, Nonna Rosa, ridacchiava e sorrideva, i suoi occhi gentili brillavano. "È meraviglioso, mio piccolo inventore! Ma può davvero volare?"

Luca scuoteva la testa, il suo viso si illuminava di determinazione. "Non ancora, ma un giorno lo farà! Aspetta e vedrai!"

Tuttavia, gli abitanti del paese non erano così sostenitori come Nonna Rosa. "Luca sta solo perdendo tempo," sussurravano. "Guarda come gioca con la spazzatura invece di imparare qualcosa di utile!"

Ma Luca non si lasciava mai scoraggiare dalle loro parole. Credeva che la creatività potesse risolvere qualsiasi problema, grande o piccolo che fosse.

Un pomeriggio soleggiato, mentre Luca stava lavorando alla sua ultima invenzione—un paio di scarpe che potevano aiutarti a saltare più in alto—un evento inaspettato scosse la città. Un gigantesco piccione di nome Pino, che era cresciuto delle dimensioni di una piccola auto, atterrò nella piazza principale. Con le sue ali che sbattevano e un cooing che risuonava come tuono, Pino cominciò a creare caos! Fece cadere le bancarelle del mercato, fece scappare la gente e addirittura rubò una pizza a un venditore sorpreso.

Il panico si diffuse per le strade come un incendio. "Cosa possiamo fare?!" gridavano gli abitanti del paese, guardando il gigante piccione con paura. "Sta distruggendo la nostra città!"

Luca osservava da lontano, il cuore che batteva forte. Sapeva che questo era il momento che aspettava. "Devo aiutare!" dichiarò a Nonna Rosa, che annuì, la preoccupazione scritta in volto.

Luca corse a casa, rovistando tra le sue invenzioni. "Cosa ho che può fermare un piccione gigante?" mormorava tra sé. Alla fine, afferrò il suo fidato cappello volante e un nuovo congegno su cui stava lavorando—una macchina per bolle che poteva creare bolle giganti abbastanza forti da intrappolare qualsiasi cosa dentro!

Con la macchina per bolle in una mano e il cappello volante in testa, Luca corse di nuovo verso la piazza. La folla guardava incredula mentre si avvicinava a Pino, che era impegnato a divorare fette di pizza.

"Ehi, Pino!" chiamò Luca con coraggio. Il gigante piccione si fermò, girando la sua enorme testa verso il ragazzo. "Non vuoi essere un birichino, vero?"

Pino tubava curiosamente, ma non smise di battere le ali causando ulteriore caos. Luca prese un respiro profondo e accese la macchina per bolle. Giganti bolle cominciarono a fluttuare nell'aria, luccicando alla luce del sole. Gli abitanti del paese rimasero a bocca aperta mentre osservavano le sfere colorate salire sempre più in alto.

"Dai, Pino! Prendi le bolle!" urlò Luca. Con grande stupore di tutti, il gigante piccione batté le ali e si lanciò verso una bolla, scoppiandola con il becco.

Luca colse l'attimo e si avvicinò, rilasciando altre bolle. "Ecco, grande! Segui me!"

Pino cominciò a inseguire le bolle, la sua energia caotica si trasformava in un'eccitazione giocosa. Gli abitanti del paese guardavano stupiti mentre Luca guidava il gigante piccione in una divertente corsa attorno alla piazza, creando uno spettacolo di risate e gioia.

Infine, dopo una serie di giri e curve, Luca indirizzò Pino verso una grande bolla che aveva reso extra forte. Con un gesto rapido, Luca saltò e atterrò sopra la bolla, facendola volare in alto nell'aria. Pino, incuriosito, seguì l'esempio, saltando dentro la bolla con un poderoso battito delle sue ali. Gli abitanti del paese esplosero in un applauso mentre la bolla fluttuava alta sopra la città, con Luca e Pino dentro, entrambi ridendo di gioia.

Quando la bolla scoppiò delicatamente, Pino planò dolcemente, atterrando in sicurezza nel parco. Esausto ma felice, il gigante piccione tubava soddisfatto. Gli abitanti del paese si affrettarono a congratularsi con Luca per la sua intelligenza.

"Ce l'hai fatta, Luca!" esclamavano. "Hai salvato la giornata!"

Luca brillava di orgoglio. Guardò Nonna Rosa, che applaudiva di gioia. "Hai sempre creduto in me," disse con un sorriso. "E guarda cosa può fare la creatività!"

Da quel giorno in poi, gli abitanti del paese non sussurrarono più delle invenzioni di Luca. Invece, cominciarono a vedere la magia nella sua immaginazione e l'importanza di credere in se stessi. E per quanto riguarda Luca, continuò a inventare, sapendo che con creatività e un po' di coraggio, qualsiasi cosa era possibile—anche domare un piccione gigante!

The Little Inventor of Naples

In the bustling city of Naples, with its winding streets and colorful buildings, lived a young boy named Luca. Luca had a wild mop of curly hair and sparkling blue eyes that seemed to twinkle with ideas. While other children played soccer or climbed trees, Luca spent his days dreaming of becoming an inventor. He would gather discarded objects from the market—old cans, broken toys, and pieces of string—and transform them into quirky gadgets that no one had ever seen before.

"Look, Nonna Rosa!" he would shout, running into their cozy little apartment, where the smell of freshly baked pizza wafted through the air. "I invented a flying hat!"

His grandmother, Nonna Rosa, would chuckle and smile, her kind eyes sparkling. "It's marvelous, my little inventor! But can it really fly?"

Luca would shake his head, his face lighting up with determination. "Not yet, but one day it will! Just you wait!"

However, the townsfolk were not as supportive as Nonna Rosa. "Luca is just wasting his time," they would whisper. "Look at him, playing with junk instead of learning something useful!"

But Luca never let their words discourage him. He believed that creativity could solve any problem, no matter how big or small.

One sunny afternoon, while Luca was working on his latest invention—a pair of shoes that could help you jump higher—an unexpected event shook the city. A giant pigeon named Pino, who had somehow grown to the size of a small car, landed in the town square. With flapping wings and a cooing sound that echoed like thunder, Pino began to cause chaos! He knocked over market stalls, sent people running, and even stole a pizza from a surprised vendor.

Panic spread through the streets like wildfire. "What can we do?!" the townsfolk shouted, looking at the giant pigeon in fear. "He's destroying our city!"

Luca watched from a distance, his heart pounding. He knew this was the moment he had been waiting for. "I have to help!" he declared to Nonna Rosa, who nodded, worry etched on her face.

Luca ran back home, rummaging through his inventions. "What do I have that can stop a giant pigeon?" he muttered to himself. Finally, he grabbed his trusty flying hat and a new contraption he had been working on—a bubble machine that could create giant bubbles strong enough to trap anything inside!

With the bubble machine in one hand and the flying hat on his head, Luca sprinted back to the town square. The crowd watched in disbelief as he approached Pino, who was busy devouring pizza slices.

"Hey, Pino!" Luca called out bravely. The giant pigeon paused, turning its enormous head toward the boy. "You don't want to be a troublemaker, do you?"

Pino cooed curiously, but it didn't stop him from flapping his wings and causing more chaos. Luca took a deep breath and switched on the bubble machine. Giant bubbles began to float into the air, glistening in the sunlight. The townsfolk gasped as they watched the colorful orbs rise higher and higher.

"Come on, Pino! Catch the bubbles!" Luca shouted. To everyone's amazement, the giant pigeon flapped his wings and lunged for a bubble, popping it with his beak.

Luca seized the moment and ran closer, releasing more bubbles. "That's it, big guy! Just follow me!"

Pino began to chase the bubbles, his chaotic energy transforming into playful excitement. The townsfolk looked on in astonishment as Luca led the giant pigeon on a merry chase around the square, creating a spectacle of laughter and joy.

Finally, after a series of loops and turns, Luca directed Pino toward a large bubble that he had made extra strong. With a swift motion, Luca jumped and landed on top of the bubble, sending it soaring into the air. Pino, intrigued, followed suit, hopping into the bubble with a mighty flap of his wings. The townsfolk erupted in cheers as the bubble floated high above the town, with Luca and Pino inside, both giggling in delight.

Once the bubble burst gently, Pino floated down softly, landing safely in the park. Exhausted but happy, the giant pigeon cooed contentedly. The townsfolk rushed over, praising Luca for his cleverness.

"You did it, Luca!" they exclaimed. "You saved the day!"

Luca beamed with pride. He looked at Nonna Rosa, who was clapping her hands with joy. "You always believed in me," he said with a smile. "And look what creativity can do!"

From that day on, the townsfolk no longer whispered about Luca's inventions. Instead, they began to see the magic in his imagination and the importance of believing in oneself. And as for Luca, he continued to invent, knowing that with creativity and a little bit of courage, anything was possible—even taming a giant pigeon!

La Giostra delle Parole

Nel cuore di un piccolo villaggio magico, incastonato tra le dolci colline d'Italia, viveva una giovane ragazza curiosa di nome Sofia. Con i suoi lunghi capelli scuri e i brillanti occhi marroni, Sofia era conosciuta per il suo amore per le storie. Spesso si sedeva per ore nella piazza del villaggio, ascoltando i racconti che gli anziani narravano su eroi coraggiosi, foreste incantate e creature birichine.

Ma c'era un luogo nel villaggio che intrigava Sofia più di ogni altro: la vecchia giostra ai margini del paese. Non era una giostra ordinaria. I cavalli, i draghi e le carrozze che la circondavano sembravano brillare di vita, come se aspettassero qualcuno di speciale per montarli. Nessuno sapeva esattamente quando fosse stata costruita la giostra, ma gli abitanti del villaggio ne parlavano a bassa voce, chiamandola La Giostra delle Parole.

Un pomeriggio caldo d'estate, mentre Sofia si aggirava vicino alla giostra, notò qualcosa di insolito. Una dolce luce dorata proveniva dal centro, e un tenue suono di musica aleggiava nell'aria. Il suo cuore batteva forte per l'emozione mentre si avvicinava. Con sua grande sorpresa, la giostra stava girando lentamente, anche se nessuno l'aveva toccata.

"Avvicinati, bambina," chiamò una voce gentile. Sofia si voltò e vide Maestro Ottavio, il saggio narratore del villaggio, in piedi accanto alla giostra. La sua barba bianca scendeva fino al petto e i suoi occhi brillavano di gentilezza.

"Ti stavo aspettando. Ho cercato qualcuno con un cuore pieno di storie per scoprire la magia di questo luogo," disse con un sorriso.

"Quale magia?" chiese Sofia, con gli occhi spalancati per la meraviglia.

Maestro Ottavio indicò la giostra. "Questa non è un'attrazione ordinaria, Sofia. Ogni volta che sali su una di queste creature, verrai trasportata in una storia diversa. Ma attenta—una volta che entri nel mondo della giostra, devi finire la storia, altrimenti i personaggi potrebbero scappare e creare problemi nel nostro villaggio."

La curiosità di Sofia ebbe il sopravvento. Salì sulla giostra e scelse un bellissimo cavallo bianco con una criniera dorata. Non appena si sedette, la giostra cominciò a girare sempre più veloce, i colori intorno a lei sfumavano fino a quando, all'improvviso, tutto si fermò.

Sofia sbatté le palpebre e si trovò in mezzo a una foresta incantata. Guardò in basso e rimase senza fiato—i suoi vestiti erano cambiati! Ora indossava un mantello verde e stivali, proprio come l'eroina di una delle sue favole italiane preferite. In lontananza, poteva vedere un alto castello, e accanto a esso c'era un giovane ragazzo con un sorriso birichino.

"Ciao!" chiamò il ragazzo, salutandola. "Io sono Gianni, il burlone di questa storia. Vuoi divertirti un po'?"

Sofia sorrise nervosamente. Conosceva Gianni dalle storie che aveva ascoltato: era sempre nei guai, a fare dispetti agli abitanti del villaggio e a combinare tutti i tipi di marachelle.

"Che tipo di divertimento?" chiese cautamente.

"Oh, solo un piccolo scherzo qua e là. Vedi quel castello? Appartiene al re, e io ho nascosto la sua corona. Non la troverà mai, a meno che tu non mi aiuti!" Il sorriso di Gianni si allargò.

Sofia esitò. Aveva sempre amato le storie, ma ora che era dentro a una, si rese conto che doveva stare attenta. "Forse dovremmo restituire la corona," suggerì. "Il re sarà arrabbiato se va persa."

Il viso di Gianni si abbatté. "Non sei affatto divertente," mormorò, prima di correre via tra gli alberi.

Prima che Sofia potesse seguirlo, la foresta intorno a lei cominciò a brillare e si ritrovò di nuovo sulla giostra. La corsa stava rallentando, ma qualcosa non andava: Gianni non era più sulla giostra.

"Maestro Ottavio!" esclamò Sofia, saltando giù dall'attrazione. "Gianni è scappato!"

Il vecchio narratore sembrava grave. "Questo è ciò che temevo. Se un personaggio lascia la giostra prima che la storia finisca, diventa parte del nostro mondo. Gianni creerà caos se non lo riportiamo indietro."

Il cuore di Sofia batteva forte. Doveva sistemare la situazione. "Cosa devo fare?" chiese.

"Devi finire la sua storia," rispose Maestro Ottavio. "Ma non sarà facile. Gianni cercherà di ingannarti ad ogni turno."

Determinata, Sofia si mise in cammino verso il villaggio, cercando segni di Gianni. Non ci volle molto perché lo trovasse. Aveva già iniziato a combinare guai: era entrato di soppiatto in panetteria, sostituendo il sale con lo zucchero, nascondendo gli attrezzi del fabbro e liberando le galline nella piazza del paese.

"Gianni, fermati!" chiamò Sofia mentre lo inseguiva per le strade. "Stai facendo un pasticcio di tutto!"

Gianni rise e salì sulla fontana, equilibrandosi sul bordo come un funambolo. "Perché dovrei farlo? È divertente! Hai detto che ti piacciono le storie—beh, ora sei in una!"

Sofia fece un respiro profondo. Doveva pensare come l'eroina delle sue storie preferite. Cosa avrebbe fatto? E poi le venne in mente—Gianni adorava i giochi, e forse poteva superarlo al suo stesso gioco.

"Va bene, Gianni," disse, con voce calma e sicura. "Facciamo un patto. Se riesco a risolvere uno dei tuoi indovinelli, devi tornare con me alla giostra. Ma se non ci riesco, puoi continuare a combinare dispetti."

Gli occhi di Gianni brillavano d'interesse. "Un indovinello, eh? Va bene, te ne darò uno. Ma è un indovinello difficile!"

Saltò giù dalla fontana e pensò per un momento prima di parlare. "Vengo estratto da una miniera e rinchiuso in una cassa di legno, dalla quale non vengo mai liberato, eppure sono usato da quasi ogni persona. Cosa sono?"

Sofia aggrottò le sopracciglia, riflettendo intensamente. Era un indovinello difficile, ma sapeva che la risposta doveva essere qualcosa di comune, qualcosa che tutti usavano. E poi, le venne in mente.

"Una matita!" esclamò trionfante.

Il sorriso di Gianni svanì, e incrociò le braccia, facendo il broncio. "Sei troppo intelligente," mormorò. "Va bene, tornerò alla giostra."

Sofia sorrise di sollievo. Lo guidò fino al margine del villaggio, dove Maestro Ottavio stava aspettando accanto alla giostra luminosa.

"Ben fatto, Sofia," disse il vecchio narratore. "Hai finito la storia."

Gianni salì sulla giostra con un sospiro, e non appena lo fece, l'attrazione cominciò a girare. Sofia osservò mentre i colori vorticosi si mescolavano, e nel giro di pochi istanti, Gianni era tornato al suo posto, al sicuro nel mondo della giostra.

"Grazie, Maestro Ottavio," disse Sofia, il cuore ancora in fermento per l'avventura.

"Hai un dono, Sofia," rispose lui con un sorriso gentile. "Il dono di raccontare storie—e con esso, il potere di dare vita ai personaggi, ma anche di rimettere le cose a posto quando vanno male."

Sofia sorrise, sentendosi orgogliosa di sé stessa. Sapeva che d'ora in poi avrebbe visitato spesso la Giostra delle Parole. C'erano così tante storie che l'aspettavano—tante avventure da vivere ancora.

The Carousel of Words

In the heart of a small, magical village nestled between the rolling hills of Italy, lived a curious young girl named Sofia. With her long, dark hair and bright brown eyes, Sofia was known for her love of stories. She would often sit for hours in the village square, listening to the tales that the elders told about brave heroes, enchanted forests, and mischievous creatures.

But there was one place in the village that intrigued Sofia more than any other—the old carousel at the edge of town. It was no ordinary carousel. The horses, dragons, and carriages that circled it seemed to shimmer with life, as if they were waiting for someone special to ride them. No one knew exactly when the carousel had been built, but the villagers spoke of it in hushed whispers, calling it La Giostra delle Parole—The Carousel of Words.

One warm summer afternoon, while Sofia was wandering near the carousel, she noticed something unusual. A soft golden glow was coming from the center, and the faint sound of music played in the air. Her heart pounded with excitement as she stepped closer. To her amazement, the carousel was spinning slowly, even though no one had touched it.

"Come closer, child," a gentle voice called. Sofia turned to see Maestro Ottavio, the village's wise storyteller, standing beside the carousel. His white beard flowed down to his chest, and his eyes twinkled with kindness.

"I've been waiting for someone with a heart full of stories to discover the magic of this place," he said with a smile.

"What magic?" Sofia asked, her eyes wide with wonder.

Maestro Ottavio gestured to the carousel. "This is no ordinary ride, Sofia. Each time you climb onto one of these creatures, you'll be transported into a different story. But beware—once you enter the world of the carousel, you must finish the story, or the characters may escape and cause trouble in our village."

Sofia's curiosity got the better of her. She stepped onto the carousel and chose a beautiful white horse with a golden mane. As soon as she sat down, the carousel began to spin faster and faster, the colors around her blurring until suddenly, everything stopped.

Sofia blinked and found herself standing in the middle of an enchanted forest. She looked down and gasped—her clothes had changed! She was now wearing a green cloak and boots, just like the heroine in one of her favorite Italian fairy tales. In the distance, she could see a tall castle, and standing beside it was a young boy with a mischievous grin on his face.

"Ciao!" the boy called, waving to her. "I'm Gianni, the trickster of this story. Want to have some fun?"

Sofia smiled nervously. She knew Gianni from the tales she had heard—he was always getting into trouble, playing pranks on villagers and causing all sorts of mischief.

"What kind of fun?" she asked cautiously.

"Oh, just a little prank here and there. You see that castle? It belongs to the king, and I've hidden his crown. He'll never find it unless you help me!" Gianni's grin grew wider.

Sofia hesitated. She had always loved stories, but now that she was inside one, she realized she had to be careful. "Maybe we should give the crown back," she suggested. "The king will be upset if it's lost."

Gianni's face fell. "You're no fun," he muttered, before running off into the trees.

Before Sofia could follow, the forest around her began to shimmer, and she found herself back on the carousel. The ride was slowing down, but something was wrong—Gianni wasn't on the carousel anymore.

"Maestro Ottavio!" Sofia cried, jumping off the ride. "Gianni escaped!"

The old storyteller looked grave. "This is what I feared. If a character leaves the carousel before the story ends, they become part of our world. Gianni will cause chaos if we don't bring him back."

Sofia's heart raced. She had to fix this. "What do I do?" she asked.

"You must finish his story," Maestro Ottavio replied. "But it won't be easy. Gianni will be trying to outwit you at every turn."

Determined, Sofia set off into the village, searching for signs of Gianni. It didn't take long for her to find him. He had already started causing trouble—sneaking into the bakery and swapping salt for sugar, hiding the blacksmith's tools, and setting loose the chickens in the town square.

"Gianni, stop!" Sofia called as she chased him through the streets. "You're making a mess of everything!"

Gianni just laughed and climbed up onto the fountain, balancing on its edge like a tightrope walker. "Why should I? This is fun! You said you liked stories—well, now you're in one!"

Sofia took a deep breath. She had to think like the heroine in her favorite stories. What would she do? And then it came to her—Gianni loved games, and maybe she could outsmart him at his own game.

"Alright, Gianni," she said, her voice calm and confident. "Let's make a deal. If I can solve one of your riddles, you have to come back to the carousel with me. But if I can't, you can keep causing mischief."

Gianni's eyes sparkled with interest. "A riddle, huh? Alright, I'll give you one. But it's a tricky one!"

He hopped down from the fountain and thought for a moment before speaking. "I am taken from a mine, and shut up in a wooden case, from which I'm never released, and yet I am used by almost every person. What am I?"

Sofia frowned, thinking hard. It was a tough riddle, but she knew the answer had to be something common, something everyone used. And then, it hit her.

"A pencil!" she shouted triumphantly.

Gianni's grin faded, and he crossed his arms, pouting. "You're too clever," he muttered. "Fine, I'll go back to the carousel."

Sofia smiled in relief. She led Gianni back to the edge of the village, where Maestro Ottavio was waiting beside the glowing carousel.

"Well done, Sofia," the old storyteller said. "You've finished the story."

Gianni climbed onto the carousel with a sigh, and as soon as he did, the ride began to spin. Sofia watched as the colors swirled, and within moments, Gianni was back in his place, safely inside the world of the carousel.

"Thank you, Maestro Ottavio," Sofia said, her heart still racing from the adventure.

"You have a gift, Sofia," he replied with a gentle smile. "The gift of storytelling—and with it, the power to bring characters to life, but also to make things right when they go wrong."

Sofia grinned, feeling proud of herself. She knew that from now on, she would visit the Giostra delle Parole often. There were so many stories waiting for her—so many adventures yet to be had.

I Misteriosi Boschi di Sorrento

Era un pomeriggio luminoso e ventoso a Sorrento, e due migliori amici, Alessandro e Giulia, erano fuori a esplorare come facevano sempre nei fine settimana. Sorrento, con le sue scogliere mozzafiato che si affacciano sul mare e le sue strade acciottolate e tortuose, era il posto perfetto per avventure. Alessandro, con i suoi ricci selvaggi e la sua curiosità, guidava sempre la strada, mentre Giulia, con i suoi occhi acuti e un cuore coraggioso, era la compagna perfetta.

"Pensate che ci sia ancora qualcosa da esplorare qui intorno?" chiese Giulia mentre camminavano lungo un sentiero stretto, fiancheggiato da olivi.

Alessandro sorrise. "C'è sempre qualcosa di nuovo! Dobbiamo solo guardare più attentamente."

Mentre si allontanavano sempre di più dal paese, si imbattevano in un vecchio muro di pietra, coperto per metà da edera, al confine del bosco. Era un luogo diverso da qualsiasi altro avessero visto prima.

"Guarda!" Alessandro indicò. "Non ricordo che questo fosse qui."

"Neanche io," disse Giulia, aggrottando le sopracciglia. "Ma sembra un ingresso. Pensi che dovremmo entrare?"

Senza pensarci due volte, Alessandro spostò l'edera, rivelando un piccolo arco. Oltre di esso si estendeva una foresta fitta, diversa dai boschi aperti che erano abituati a esplorare. L'aria sembrava più fresca, e un lieve suono sussurrante sembrava echeggiare da profondità degli alberi.

"Questo è sicuramente nuovo," disse Alessandro, gli occhi scintillanti di eccitazione. "Avanti!"

Passarono attraverso l'arco e immediatamente si resero conto che quella foresta era diversa. Gli alberi erano più alti, i loro tronchi contorti in forme peculiari. Il terreno era morbido sotto i piedi e l'odore di pino e terra era denso nell'aria. Sembrava... magico.

Mentre si addentravano, una voce chiamò dall'alto degli alberi. "Non molti umani riescono a trovare la strada qui," disse.

Giulia sussultò e guardò in su. Appollaiato su un ramo basso c'era un gufo con grandi occhi saggi, piume cosparse di argento e marrone.

"Chi ha detto questo?" chiese Alessandro, guardandosi intorno.

"Io," rispose il gufo, battendo le ali delicatamente. "Mi chiamo Leo, e questi sono i Misteriosi Boschi di Sorrento. Pochi sanno della sua esistenza. Siete molto fortunati ad averlo trovato."

Giulia fece un passo avanti, gli occhi spalancati. "Puoi parlare?"

"Certo che posso," disse Leo, inclinando la testa. "Questa non è una foresta ordinaria. Qui gli animali parlano e la magia scorre attraverso le radici degli alberi. Ma fate attenzione, giovani avventurieri, non tutti coloro che entrano in questi boschi lasciano lo stesso."

Alessandro, sempre desideroso di avventure, si avvicinò. "Non abbiamo paura. Cosa ci aspetta?"

Leo batté lentamente le palpebre. "Molte cose. Ma ciò che conta di più è il segreto nascosto all'interno di questi boschi. Un antico tesoro che è stato perso per secoli."

"Un tesoro?" Gli occhi di Alessandro brillavano di eccitazione. "Dove si trova?"

"Il tesoro non è oro o gioielli," spiegò Leo. "È qualcosa di molto più prezioso: la chiave per proteggere questi boschi e tutte le creature che vi abitano. Tanto tempo fa, il tesoro fu nascosto dai Guardiani della Natura, ma col tempo, la sua posizione fu dimenticata."

Giulia, che era sempre cauta, chiese: "Perché nessuno l'ha trovato prima?"

"Perché trovare il tesoro richiede più che semplici esplorazioni," rispose Leo. "Richiede lavoro di squadra, coraggio, e soprattutto, rispetto per il mondo naturale. Coloro che cercano il tesoro per motivi egoistici non lo troveranno mai."

Alessandro guardò Giulia, e lei annuì. Entrambi sapevano di dover aiutare. "Lo faremo," disse. "Troveremo il tesoro e proteggeremo questi boschi."

Leo hootò dolcemente. "Molto bene. Seguitemi."

Il saggio gufo li guidò più a fondo nei boschi, dove gli alberi diventavano più fitti e la luce del sole penetrava a malapena attraverso la fitta chioma. L'aria diventava più fresca e una strana musica dolce sembrava fluttuare nella brezza.

Mentre camminavano, incontrarono diversi animali, ciascuno dei quali offriva consigli o aiuto. Una famiglia di volpi li guidò attraverso un labirinto di rovi, un gentile cervo mostrò loro un ruscello nascosto, e uno scoiattolo astuto li aiutò a superare un burrone conducendoli a un albero caduto che fungeva da ponte.

Alla fine, arrivarono al cuore del bosco: un grande albero di quercia che svettava sopra tutti gli altri. La sua corteccia era coperta di rune luminose e alla sua base, una piccola porta era intagliata nel tronco.

"Questo è l'Albero dei Guardiani," disse Leo. "Il tesoro si trova all'interno, ma c'è un'ultima prova."

Alessandro e Giulia si scambiarono uno sguardo. Erano arrivati così lontano, e ora il momento era giunto.

"Qual è la prova?" chiese Giulia.

Leo planò giù dal ramo e atterrò accanto a loro. "L'albero vi farà una domanda. Rispondete con saggezza, poiché il destino di questi boschi dipende da esso."

L'aria intorno a loro divenne immobile mentre le rune sull'albero cominciarono a brillare più intensamente. Una voce profonda e antica ruggì dal tronco.

"Per proteggere il futuro, bisogna onorare il passato. Qual è il tesoro più grande di tutti?"

Alessandro pensò alle storie di pirati e avventurieri che cercavano ricchezze, ma sapeva che questo non riguardava l'oro. Anche Giulia, con il suo amore per la natura, rifletté attentamente. Poi, quasi allo stesso tempo, entrambi parlarono.

"La Natura," disse Giulia dolcemente.

"L'Amicizia," aggiunse Alessandro.

Le rune sull'albero scintillarono e la porta alla sua base si aprì lentamente con un cigolio.

Leo sorrise. "Avete entrambi risposto correttamente. Il tesoro più grande è il legame che condividiamo con il mondo naturale e tra di noi. Senza di esso, nulla altro ha importanza."

All'interno dell'albero, non trovarono oro o gioielli, ma una pietra luminosa che pulsava con una calda luce dorata. Sembrava viva tra le loro mani.

"Questo è il Cuore della Foresta," spiegò Leo. "Assicurerà che i boschi rimangano protetti per generazioni a venire. Trovandolo, avete dimostrato il vostro valore come Guardiani di questa foresta."

Alessandro e Giulia sorriserò, sentendosi orgogliosi di ciò che avevano realizzato.

Quando lasciarono la foresta, l'arco dietro di loro svanì lentamente, come se non fosse mai esistito. I Misteriosi Boschi di Sorrento avevano rivelato i loro segreti, e ora toccava a loro mantenerli al sicuro.

Da quel giorno, Alessandro e Giulia promisero di proteggere i boschi e insegnare agli altri l'importanza di rispettare la natura. Avevano scoperto che il vero tesoro non era solo nell'avventura, ma nell'amicizia e nel lavoro di squadra che li aveva portati attraverso di essa.

E così, la leggenda dei Misteriosi Boschi di Sorrento visse, mentre gli animali continuavano a parlare e la foresta prosperava, nascosta, in attesa dei prossimi audaci avventurieri per scoprire i suoi segreti.

The Mysterious Woods of Sorrento

It was a bright and breezy afternoon in Sorrento, and two best friends, Alessandro and Giulia, were out exploring as they always did on weekends. Sorrento, with its stunning cliffs overlooking the sea and its winding, cobbled streets, was the perfect place for adventures. Alessandro, with his wild curls and a knack for curiosity, always led the way, while Giulia, with her sharp eyes and brave heart, was the perfect companion.

"Do you think there's anything left to explore around here?" Giulia asked as they walked down a narrow trail, lined with olive trees.

Alessandro grinned. "There's always something new! We just have to look harder."

As they ventured farther away from the town, they came across an old stone wall, half-covered in ivy, at the edge of the woods. It was unlike any place they'd seen before.

"Look at that!" Alessandro pointed. "I don't remember this being here."

"Neither do I," Giulia said, frowning. "But it looks like an entrance. Do you think we should go in?"

Without a second thought, Alessandro pushed aside the ivy, revealing a small archway. Beyond it lay a dense forest, unlike the open woods they were used to exploring. The air felt cooler, and a soft whispering sound seemed to echo from deep within the trees.

"This is definitely new," Alessandro said, his eyes sparkling with excitement. "Come on!"

They stepped through the archway, and immediately, they could tell this forest was different. The trees were taller, their trunks twisted in peculiar shapes. The ground was soft underfoot, and the smell of pine and earth was thick in the air. It felt... magical.

As they ventured deeper, a voice called out from the treetops. "Not many humans find their way here," it said.

Giulia gasped and looked up. Perched on a low branch was an owl with large, wise eyes, feathers dusted in silver and brown.

"Who said that?" Alessandro asked, looking around.

"I did," the owl replied, flapping its wings gently. "My name is Leo, and this is the Mysterious Woods of Sorrento. Few people know of its existence. You're quite lucky to have found it."

Giulia stepped forward, her eyes wide. "You can talk?"

"Of course I can," Leo said, tilting his head. "This is no ordinary forest. Here, the animals speak, and magic runs through the roots of the trees. But be warned, young adventurers, not all who enter these woods leave the same."

Alessandro, always eager for an adventure, stepped closer. "We're not afraid. What lies ahead?"

Leo blinked slowly. "Many things. But what matters most is the secret hidden within these woods. An ancient treasure that's been lost for centuries."

"A treasure?" Alessandro's eyes gleamed with excitement. "Where is it?"

"The treasure is not gold or jewels," Leo explained. "It's something far more valuable—the key to protecting these woods and all the creatures that live here. Long ago, the treasure was hidden by the Guardians of Nature, but over time, its location was forgotten."

Giulia, who was always cautious, asked, "Why hasn't anyone found it before?"

"Because finding the treasure requires more than just exploration," Leo replied. "It requires teamwork, bravery, and most importantly, a respect for the natural world. Those who seek the treasure for selfish reasons will never find it."

Alessandro looked at Giulia, and she nodded. They both knew they had to help. "We'll do it," he said. "We'll find the treasure and protect these woods."

Leo hooted softly. "Very well. Follow me."

The wise owl led them deeper into the woods, where the trees grew denser and the light from the sun barely broke through the thick canopy. The air became cooler, and strange, soft music seemed to float on the breeze.

As they walked, they encountered several animals—each offering advice or help. A family of foxes guided them through a maze of thorny bushes, a gentle deer showed them a hidden stream, and a clever squirrel helped them across a ravine by leading them to a fallen tree that acted as a bridge.

Finally, they arrived at the heart of the woods—a giant oak tree that towered above all others. Its bark was covered in glowing runes, and at its base, a small door was carved into the trunk.

"This is the Tree of the Guardians," Leo said. "The treasure lies within, but there's one final test."

Alessandro and Giulia exchanged a glance. They had come so far, and now the moment had arrived.

"What's the test?" Giulia asked.

Leo fluttered down from the branch and landed beside them. "The tree will ask you a question. Answer wisely, for the fate of these woods depends on it."

The air around them grew still as the runes on the tree began to glow brighter. A deep, ancient voice rumbled from within the trunk.

"To protect the future, one must honor the past. What is the greatest treasure of all?"

Alessandro thought about the stories of pirates and adventurers searching for riches, but he knew this wasn't about gold. Giulia, with her love for nature, thought carefully too. Then, almost at the same time, they both spoke.

"Nature," Giulia said softly.

"Friendship," Alessandro added.

The runes on the tree shimmered, and the door at its base slowly creaked open.

Leo smiled. "You've both answered correctly. The greatest treasure is the bond we share with the natural world and with each other. Without it, nothing else matters."

Inside the tree, they found not gold or jewels, but a glowing stone that pulsed with a warm, golden light. It felt alive in their hands.

"This is the Heart of the Forest," Leo explained. "It will ensure that the woods remain protected for generations to come. By finding it, you've proven your worth as Guardians of this forest."

Alessandro and Giulia smiled, feeling proud of what they had accomplished.

As they left the forest, the archway behind them slowly disappeared, as if it had never been there. The Mysterious Woods of Sorrento had revealed its secrets, and now it was up to them to keep it safe.

From that day on, Alessandro and Giulia promised to protect the woods and teach others the importance of respecting nature. They had discovered that the real treasure wasn't just in the adventure, but in the friendship and teamwork that had brought them through it.

And so, the legend of the Mysterious Woods of Sorrento lived on, as the animals continued to speak, and the forest thrived, hidden away, waiting for the next brave adventurers to discover its secrets.

La Gelateria Incantata

Nel cuore di un soleggiato paese italiano, nascosta tra edifici colorati e strette strade acciottolate, sorgeva una vecchia gelateria dall'aspetto curioso. Il cartello sopra la porta recitava "La Gelateria di Zio Mario", ma la maggior parte delle persone la chiamava semplicemente La Gelateria Incantata.

Marco e Francesca, due migliori amici che vivevano nel paese, erano sempre affascinati dalla gelateria. Nessuno sapeva davvero da quanto tempo fosse lì, ma si sussurrava in paese che fosse presente da centinaia di anni. Eppure, ciò che rendeva il negozio così speciale non era solo il gelato delizioso, ma la magia che sembrava circondarlo.

"Hai mai notato come il gelato di Zio Mario sia... diverso?" chiese un giorno Marco mentre si trovavano davanti alla gelateria, con la bocca che si bagnava alla vista dei colori dei gusti in esposizione.

Francesca, che era sempre curiosa di come funzionassero le cose, annuì. "È quasi come se ogni gusto avesse una vita propria."

Dentro al negozio, Zio Mario, il bizzarro gelataio, canticchiava una melodia allegra mentre mescolava nuovi lotti di gelato. Indossava un grembiule strappato e un cappello di paglia, e i suoi occhi scintillanti nascondevano una vita di segreti. Tutti in paese adoravano Zio Mario, non solo per le sue deliziose creazioni, ma per il suo cuore gentile e la gioia che portava alla gente.

Marco e Francesca entrarono nel negozio, accolti dal dolce profumo di zucchero e frutta fresca. La campanella sopra la porta tintinnò dolcemente, e Zio Mario alzò lo sguardo da dietro il bancone.

"Ah, i miei clienti preferiti!" esclamò Zio Mario, facendoli avvicinare. "Cosa desiderate oggi? Ho appena preparato alcuni nuovi gusti magici!"

"Magici?" chiese Marco, con gli occhi spalancati. "Cosa intendi?"

Zio Mario rise, i suoi occhi scintillanti. "Ah, beh, vedete, ogni gusto qui ha un tocco speciale di magia. Può far avverare i sogni, aiutare le persone a sorridere nei giorni peggiori o persino accendere un po' di avventura nei loro cuori."

Francesca alzò un sopracciglio. "Magia? Davvero?"

Zio Mario annuì seriamente. "Oh sì. Ma funziona solo se ci credi. Il gelato, come molte cose, è più potente quando è condiviso con amore e gentilezza."

I bambini si scambiarono uno sguardo, ansiosi di provare i nuovi gusti. Zio Mario tirò fuori due palline colorate: una di un brillante lavanda e l'altra di un profondo blu oceano.

"Questo," disse, indicando la pallina lavanda, "si chiama 'Sogni di Lavanda'. Porta dolci sogni a chiunque lo assaggi."

"E questo," continuò, gesticolando verso il blu oceano, "è 'Onde di Serenità', che può calmare i cuori più tempestosi."

I bambini si tuffarono con entusiasmo nel loro gelato, ridendo mentre i gusti magici danzavano sulle loro lingue. Marco sentì una sensazione di pace avvolgerlo all'istante, mentre Francesca, eterna sognatrice, sentiva la sua immaginazione esplodere di nuove idee.

Ma mentre si godevano le loro delizie, la porta della gelateria si aprì di colpo, e entrò un uomo che i bambini non avevano mai visto prima. Era alto, vestito di scuro, con uno sguardo affilato e avido nei suoi occhi.

L'uomo guardò in giro per la gelateria con uno sguardo calcolatore prima di avvicinarsi al bancone. "Ho sentito voci che dicono che il vostro gelato ha... certi poteri," disse l'uomo, con una voce fluida ma fredda.

Zio Mario sorrise calorosamente. "Ah, sì, molte persone lo dicono, ma la magia del mio gelato sta nella gentilezza che diffonde."

Il sorriso dell'uomo si contorse. "Non mi interessa la gentilezza. Voglio la ricetta segreta."

Il volto di Zio Mario si oscurò, ma la sua voce rimase gentile. "Il segreto non è in vendita, signore. È qualcosa che non può essere comprato."

Gli occhi dell'uomo si strinsero. "Vedremo."

Prima che chiunque potesse reagire, l'uomo si allungò oltre il bancone, cercando di afferrare un barattolo della polvere magica di gelato di Zio Mario. Marco e Francesca rimasero a bocca aperta mentre assistevano alla scena. La gelateria sembrava tremare mentre l'uomo avido cercava di rubare la sua magia.

"No!" esclamò Zio Mario, cercando di fermarlo, ma l'uomo era troppo veloce. Con un sorriso malvagio, afferrò il barattolo e scappò fuori dal negozio, lasciando il caos dietro di sé.

"Vieni!" disse Marco, afferrando il braccio di Francesca. "Dobbiamo fermarlo!"

Corsero fuori dal negozio, seguendo l'uomo attraverso le strade tortuose del paese. Con ogni passo, il cielo si scuriva e il calore del giorno sembrava svanire. Il paese, che era stato riempito dalle risate dei bambini e dal profumo dei dolci freschi, ora sembrava freddo e silenzioso.

L'uomo svoltò in un vicolo stretto, e Marco e Francesca lo seguirono, con il cuore che batteva forte. Quando girarono l'angolo, lo videro fermo vicino a una fontana, mentre cercava di aprire il barattolo.

"Fermati!" urlò Marco, la sua voce che echeggiava contro i muri di pietra. "Non puoi rubare la magia! Non ti appartiene!"

L'uomo si voltò, la sua espressione contorta dalla rabbia. "Merito questa magia! La userò per diventare ricco, e nessuno potrà fermarmi!"

Francesca fece un passo avanti, i suoi occhi ardenti. "La magia del gelato funziona solo quando è condivisa con gentilezza. Non potrai mai usarla per motivi egoistici!"

Ma l'uomo la ignorò, riuscendo finalmente ad aprire il barattolo. Mentre lo apriva, un vortice di luci colorate e scintillanti esplose, spiraleggiando nell'aria. Per un momento, l'uomo sembrò trionfante—fino a quando la magia non si voltò contro di lui.

La luce lo avvolse, e all'improvviso, l'uomo cominciò a rimpicciolirsi! I suoi vestiti divennero troppo grandi, e nel giro di pochi istanti si trasformò in un piccolo topo. Il barattolo cadde a terra, ora vuoto.

Marco e Francesca rimasero a bocca aperta mentre il topo si allontanava di corsa, squeaking spaventato.

"Bene," disse Marco, finalmente riprendendo fiato. "Credo che abbia imparato la sua lezione."

Raccolsero il barattolo e si affrettarono a tornare nel negozio. Dentro, Zio Mario li stava aspettando, il suo volto pieno di preoccupazione. Ma quando li vide, i suoi occhi si addolcirono di sollievo.

"Ce l'avete fatta," disse, sorridendo. "Avete salvato la magia del gelato."

Francesca gli porse il barattolo. "Non potevamo permettergli di portare via qualcosa di così speciale."

Zio Mario annuì, la sua voce piena di calore. "La magia come questa non è solo nel gelato. È nell'amore e nella gioia che condividiamo con gli altri. È questo che le dà il suo vero potere."

Come ricompensa per il loro coraggio, Zio Mario diede a ciascuno di loro un nuovo gusto di gelato: "Coraggio e Amicizia", che avrebbe sempre ricordato loro il coraggio dimostrato e l'amicizia che lo rese possibile.

Da quel giorno in poi, Marco e Francesca aiutarono Zio Mario nel negozio, diffondendo la magia del gelato a tutti nel paese. Impararono che la vera magia non veniva da ricette segrete o ingredienti speciali, ma dalla gioia di condividere e dalla gentilezza di una comunità che si univa.

E finché la gelateria di Zio Mario sarebbe rimasta nel cuore del paese, la magia del gelato incantato non sarebbe mai svanita.

The Enchanted Gelateria

In the heart of a sunny Italian town, nestled between colorful buildings and narrow cobbled streets, there stood an old, curious-looking gelato shop. The sign above the door read "La Gelateria di Zio Mario", but most people simply called it The Enchanted Ice Cream Shop.

Marco and Francesca, two best friends who lived in the town, were always fascinated by the shop. No one really knew how old it was, but rumors floated around the town that it had been there for hundreds of years. Yet, what made the shop so special wasn't just the delicious gelato—it was the magic that seemed to surround it.

"Have you ever noticed how Zio Mario's gelato feels... different?" Marco asked one day as they stood outside the shop, their mouths watering at the sight of the colorful flavors in the display.

Francesca, who was always curious about how things worked, nodded. "It's almost like each flavor has a life of its own."

Inside the shop, Zio Mario, the quirky old gelato maker, hummed a cheerful tune as he mixed new batches of gelato. He wore a tattered apron and a straw hat, and his twinkling eyes hid a lifetime of secrets. Everyone in the town loved Zio Mario, not just for his delicious creations, but for his kind heart and the joy he brought to people.

Marco and Francesca walked into the shop, greeted by the sweet smell of sugar and fresh fruit. The bell above the door jingled softly, and Zio Mario looked up from behind the counter.

"Ah, my favorite customers!" Zio Mario beamed, waving them over. "What will it be today? I've just made some new magical flavors!"

"Magical?" Marco asked, his eyes widening. "What do you mean?"

Zio Mario chuckled, his eyes twinkling. "Ah, well, you see, each flavor here has a special touch of magic. It can make dreams come true, help people smile on their worst days, or even spark a little bit of adventure in their hearts."

Francesca raised an eyebrow. "Magic? Really?"

Zio Mario nodded solemnly. "Oh yes. But it only works if you believe in it. Gelato, like many things, is most powerful when shared with love and kindness."

The children exchanged glances, eager to try the new flavors. Zio Mario pulled out two colorful scoops: one a bright lavender and the other a deep ocean blue.

"This one," he said, pointing to the lavender scoop, "is called 'Sogni di Lavanda'. It brings sweet dreams to anyone who tastes it."

"And this one," he continued, gesturing to the ocean blue, "is 'Onde di Serenità', which can calm the stormiest of hearts."

The children eagerly dug into their gelato, laughing as the magical flavors danced on their tongues. Marco felt an instant sense of peace wash over him, while Francesca, ever the dreamer, could feel her imagination bursting with new ideas.

But as they enjoyed their treats, the shop's door swung open with a loud bang, and in walked a man the children had never seen before. He was tall, dressed in dark clothes, with a sharp, greedy look in his eyes.

The man looked around the shop with a calculating gaze before stepping up to the counter. "I've heard rumors that your gelato has... certain powers," the man said, his voice smooth but cold.

Zio Mario smiled warmly. "Ah, yes, many people say so, but the magic of my gelato is in the kindness it spreads."

The man's smile twisted. "I'm not interested in kindness. I want the secret recipe."

Zio Mario's face darkened, but his voice remained gentle. "The secret isn't for sale, signore. It's something that cannot be bought."

The man's eyes narrowed. "We'll see about that."

Before anyone could react, the man reached over the counter, trying to grab a jar of Zio Mario's magical gelato powder. Marco and Francesca gasped as they watched the scene unfold. The shop seemed to shudder as the greedy man attempted to steal its magic.

"No!" Zio Mario cried, trying to stop him, but the man was too fast. With a wicked grin, he snatched the jar and ran out of the shop, leaving chaos in his wake.

"Come on!" Marco said, grabbing Francesca's arm. "We have to stop him!"

They raced out of the shop, following the man through the winding streets of the town. With every step, the sky darkened, and the warmth of the day seemed to fade. The town, which had been filled with the laughter of children and the smell of fresh pastries, now felt cold and quiet.

The man darted into a narrow alley, and Marco and Francesca followed, their hearts pounding. As they turned the corner, they saw him standing by a fountain, trying to open the jar.

"Stop!" Marco shouted, his voice echoing off the stone walls. "You can't steal magic! It doesn't belong to you!"

The man turned, his expression twisted with anger. "I deserve this magic! I'll use it to get rich, and no one will be able to stop me!"

Francesca stepped forward, her eyes fierce. "The magic of the gelato only works when it's shared with kindness. You'll never be able to use it for selfish reasons!"

But the man ignored her, finally managing to open the jar. As he did, a swirl of colorful, shimmering light burst out, spiraling into the air. For a moment, the man looked triumphant—until the magic turned on him.

The light enveloped him, and suddenly, the man began to shrink! His clothes became too large, and within moments, he had transformed into a tiny mouse. The jar clattered to the ground, now empty.

Marco and Francesca stared in shock as the mouse scurried away, squeaking in fright.

"Well," Marco said, finally catching his breath. "I guess he learned his lesson."

They picked up the jar and hurried back to the shop. Inside, Zio Mario was waiting, his face full of worry. But when he saw them, his eyes softened with relief.

"You did it," he said, smiling. "You saved the magic of the gelato."

Francesca handed him the jar. "We couldn't let him take something so special."

Zio Mario nodded, his voice full of warmth. "Magic like this isn't just in the gelato. It's in the love and joy we share with others. That's what gives it its true power."

As a reward for their bravery, Zio Mario gave them each a new flavor of gelato: "Coraggio e Amicizia", which he said would always remind them of the courage they showed and the friendship that made it possible.

From that day on, Marco and Francesca helped Zio Mario in the shop, spreading the magic of gelato to everyone in the town. They learned that true magic didn't come from secret recipes or special ingredients—it came from the joy of sharing and the kindness of a community coming together.

And as long as Zio Mario's gelato shop stood in the heart of the town, the magic of the enchanted ice cream would never fade.

Il Tesoro del Mare

Era una giornata luminosa e soleggiata a Rimini, e la spiaggia era affollata di famiglie che si godevano la sabbia calda e l'acqua cristallina. Martina e suo fratello minore Davide stavano costruendo un enorme castello di sabbia, completo di torri e un fossato, quando qualcosa catturò l'attenzione di Davide.

"Guarda, Martina!" esclamò Davide, indicando un oggetto strano sepolto sotto la sabbia.

Martina si inginocchiò per aiutarlo a scavare e presto scoprirono una vecchia bottiglia consunta, sigillata ermeticamente con un tappo di sughero. All'interno, potevano vedere un pezzo di carta arrotolato.

"È una mappa!" disse Davide, con gli occhi sgranati dall'emozione.

Con cura, aprirono la bottiglia e srotolarono la carta. E infatti, era una vecchia mappa del tesoro, completa di inchiostro sbiadito e una linea tratteggiata che portava a una grande X rossa. In cima, in lettere ondulate, c'era scritto: "Il Tesoro del Mare."

Martina sorrise. "Una caccia al tesoro! Seguiamo la mappa."

Studiarono attentamente la mappa e si resero conto che il tesoro era nascosto sotto le onde, lontano nell'oceano. I due fratelli si scambiarono uno sguardo, l'emozione mescolata a un pizzico di nervosismo. Ma non c'era modo di tornare indietro ora: l'avventura li chiamava.

Con la mappa in mano, si avviarono verso l'acqua. Mentre si immergevano nel mare, un gioco d'acqua attirò la loro attenzione. Un delfino lucente e agile saltò fuori dall'acqua, i suoi occhi brillavano di curiosità.

"Ciao!" chiamò Davide, ridendo mentre il delfino si avvicinava.

Il delfino fece un giro intorno a loro, cliccando e squeakando per l'emozione. "Penso che voglia aiutarci," disse Martina, sorridendo al loro nuovo amico.

"Chiamiamolo Delfino," suggerì Davide. "Può guidarci al tesoro."

Delfino sembrava capire, annuendo con la testa e tuffandosi nell'acqua, invitandoli a seguirlo. Martina e Davide indossarono i loro boccagli e si tuffarono sotto le onde, con Delfino che li guidava. Il mondo sottomarino era diverso da qualsiasi cosa avessero mai visto: colorate barriere coralline, banchi di pesci che brillavano come arcobaleni e tartarughe marine che scivolavano con grazia.

Mentre nuotavano più a fondo, Delfino li condusse a una caverna sottomarina nascosta, proprio come quella sulla mappa. L'ingresso era segnato da due grandi rocce a forma di conchiglia. Martina e Davide si scambiarono sguardi entusiasti e nuotarono all'interno.

La caverna era illuminata da una luce morbida e scintillante, che illuminava le pareti decorate con antichi incisi. Al centro della caverna, mezzo sepolto nella sabbia, c'era un grande forziere coperto di crostacei e alghe. I due fratelli rimasero a bocca aperta: era il tesoro!

Lavorando insieme, spostarono la sabbia e riuscirono ad aprire il forziere. All'interno, invece di oro e gioielli, trovarono qualcosa di ancora più prezioso: conchiglie scintillanti, perle e rotoli splendidamente conservati che raccontavano la storia dell'oceano e delle sue creature.

"È incredibile!" sussurrò Martina, sollevando uno dei rotoli. "Non è solo un tesoro—è la storia del mare."

Mentre ammiravano la loro scoperta, Delfino cliccò felicemente, nuotando in cerchio attorno a loro. Realizzarono allora che il vero tesoro non era qualcosa di materiale: era la conoscenza dell'oceano e la bellezza del mondo sottomarino.

Davide annuì, con gli occhi pieni di meraviglia. "Dobbiamo proteggere questo posto. L'oceano è troppo importante per perderlo."

Con l'aiuto di Delfino, riposero con cura i rotoli nel forziere e lo richiusero nuovamente, sapendo di aver trovato qualcosa di molto più prezioso di quanto avessero mai immaginato.

Mentre tornavano in superficie, Martina e Davide sentirono un profondo senso di responsabilità. Avevano imparato così tanto dalla loro avventura subacquea: sul lavoro di squadra, sulle meraviglie della vita marina e, soprattutto, sull'importanza di proteggere l'oceano.

Quando raggiunsero la riva, il sole stava cominciando a tramontare, diffondendo una luce dorata sull'acqua. Delfino diede loro un'ultima spruzzata giocosa prima di nuotare via verso l'orizzonte, lasciando i due fratelli in piedi sulla spiaggia con i cuori pieni di gratitudine.

"Potremmo non aver trovato oro," disse Martina, guardando verso il mare, "ma abbiamo trovato qualcosa di ancora meglio."

Davide sorrise. "Il tesoro del mare non è qualcosa che si tiene—è qualcosa che si protegge."

E da quel giorno, Martina e Davide divennero i custodi della loro piccola parte di oceano, condividendo la magia della loro avventura e ispirando gli altri a prendersi cura del mondo sotto le onde.

The Treasure of the Sea

It was a bright and sunny day in Rimini, and the beach was bustling with families enjoying the warm sand and crystal-clear water. Martina and her younger brother Davide were building an enormous sandcastle, complete with towers and a moat, when something caught Davide's eye.

"Look, Martina!" Davide shouted, pointing at a strange object buried beneath the sand.

Martina knelt down to help him dig, and soon they uncovered a weathered old bottle, sealed tightly with a cork. Inside, they could see a rolled-up piece of paper.

"It's a map!" Davide said, his eyes wide with excitement.

Carefully, they opened the bottle and unrolled the paper. Sure enough, it was an old treasure map, complete with faded ink and a dotted line leading to a large red X. At the top, in swirling letters, it read: "The Treasure of the Sea."

Martina grinned. "A treasure hunt! Let's follow the map."

They studied the map closely and realized that the treasure was hidden beneath the waves, far out in the ocean. The siblings exchanged a glance, their excitement mingled with a hint of nervousness. But there was no turning back now—the adventure was calling.

With the map in hand, they set off toward the water. As they waded into the sea, a playful splash caught their attention. A sleek, shiny dolphin leapt from the water, its eyes twinkling with curiosity.

"Hello there!" Davide called, laughing as the dolphin swam closer.

The dolphin circled around them, clicking and squeaking in excitement. "I think he wants to help us," Martina said, smiling at their new friend.

"Let's call him Delfino," Davide suggested. "He can guide us to the treasure."

Delfino seemed to understand, nodding his head and diving into the water, motioning for them to follow. Martina and Davide put on their snorkels and dove beneath the waves, with Delfino leading the way. The underwater world was unlike anything they had ever seen—colorful coral reefs, schools of fish shimmering like rainbows, and sea turtles gracefully gliding past.

As they swam deeper, Delfino led them to a hidden underwater cave, just like the one on the map. The entrance was marked by two large rocks shaped like seashells. Martina and Davide exchanged excited glances and swam inside.

The cave was filled with soft, glowing light, illuminating the walls lined with ancient carvings. In the center of the cave, half-buried in the sand, was a large chest covered in barnacles and seaweed. The siblings gasped—it was the treasure!

Working together, they cleared away the sand and managed to open the chest. Inside, instead of gold and jewels, they found something even more precious—glimmering seashells, pearls, and beautifully preserved scrolls detailing the history of the ocean and its creatures.

"This is incredible!" Martina whispered, holding up one of the scrolls. "It's not just treasure—it's the story of the sea."

As they marveled at their discovery, Delfino clicked happily, swimming in circles around them. They realized then that the real treasure wasn't something material—it was the knowledge of the ocean and the beauty of the underwater world.

Davide nodded, his eyes filled with wonder. "We have to protect this place. The ocean is too important to lose."

With Delfino's help, they carefully placed the scrolls back in the chest and sealed it once more, knowing that they had found something far more valuable than they had ever imagined.

As they swam back to the surface, Martina and Davide felt a deep sense of responsibility. They had learned so much from their underwater adventure—about teamwork, about the wonders of marine life, and, most importantly, about the importance of protecting the ocean.

When they reached the shore, the sun was beginning to set, casting golden light over the water. Delfino gave them one final playful splash before swimming off into the horizon, leaving the siblings standing on the beach with hearts full of gratitude.

"We may not have found gold," Martina said, looking out at the sea, "but we've found something even better."

Davide grinned. "The treasure of the sea isn't something you keep—it's something you protect."

And from that day on, Martina and Davide became the guardians of their own little part of the ocean, sharing the magic of their adventure and inspiring others to care for the world beneath the waves.

La Foresta Parlante

Luca e Sofia vivevano in un incantevole villaggio ai piedi delle montagne, dove tutti evitavano la foresta vicina. C'erano storie di stranezze e magie che accadevano a chi osava entrarci. Ma un giorno, mentre giocavano fuori con il loro gatto Milo, lui scappò improvvisamente verso la foresta. Luca cercò di chiamarlo indietro, ma Milo sparì tra gli alberi scuri.

"Dobbiamo andare a cercarlo!" esclamò Sofia, preoccupata.

Luca esitò, ma poi prese la mano di sua sorella. "Andiamo. Non possiamo lasciare Milo da solo."

Entrando nella foresta, Luca e Sofia sentirono strani sussurri. Le foglie sembravano muoversi in modo strano, e i rami si inclinavano verso di loro come se stessero ascoltando.

"Chi va là?" una voce profonda sembrò uscire dagli alberi.

Luca e Sofia si fermarono di colpo. "Siamo solo noi, stiamo cercando il nostro gatto, Milo," rispose Sofia, il cuore che batteva forte.

Un albero antico, con rami nodosi e una corteccia scura, si mosse leggermente. "Solo coloro che rispettano la foresta possono capirci," disse l'albero. "Se siete sinceri, potrete trovare ciò che cercate."

Mentre avanzavano nella foresta, incontrarono Alberico, un albero saggio che spiegò loro che la foresta era protetta da creature magiche. Poco dopo, una scoiattolina vivace di nome Silvia saltellò vicino a loro e li guidò lungo un sentiero nascosto.

"Devi risolvere il mio enigma per proseguire," disse Silvia con un sorriso malizioso.

"Che enigma?" chiese Luca.

"Qual è la cosa più preziosa che non puoi vedere, ma puoi sentire?" domandò Silvia.

Luca e Sofia ci pensarono un attimo e poi Sofia rispose: "L'amicizia?"

Silvia fece un cenno col capo, soddisfatta. "Esatto! Ora posso aiutarvi a trovare Milo."

Con l'aiuto di Silvia e Alberico, Luca e Sofia finalmente trovarono Milo. Stava giocando con un altro animale, un volpe dal pelo scintillante di nome Zefiro.

"Sono stato io a proteggere Milo," disse Zefiro. "La foresta è un luogo speciale, e voi avete mostrato rispetto. Ora posso mostrarvi il vero tesoro."

Zefiro portò Luca e Sofia in un luogo segreto, un angolo della foresta illuminato da una luce dorata. "La foresta vi dà un dono," disse la volpe. "Ogni volta che sarete gentili e compassionevoli, potrete comprendere il linguaggio degli animali."

Luca e Sofia si guardarono con meraviglia. "Grazie," dissero in coro.

Tornati al villaggio con Milo, Luca e Sofia si sentivano più coraggiosi e saggi. Raccontarono le loro avventure agli altri bambini, insegnando loro a rispettare la natura e a non avere paura della foresta.

"Non è qualcosa da temere," disse Sofia. "È qualcosa da proteggere."

E da quel giorno, Luca e Sofia tornarono spesso nella foresta, diventando i custodi del loro piccolo angolo di mondo magico.

The Talking Forest

———

Luca and Sofia lived in a charming village at the foot of the mountains, where everyone avoided the nearby forest. There were stories of strange happenings and magic befalling those who entered. But one day, while playing outside with their cat Milo, he suddenly dashed off toward the forest. Luca tried calling him back, but Milo disappeared among the dark trees.

"We have to go after him!" Sofia exclaimed, worried.

Luca hesitated, but then he took his sister's hand. "Let's go. We can't leave Milo alone."

As they entered the forest, Luca and Sofia heard strange whispers. The leaves seemed to move in an unusual way, and the branches bent towards them as if they were listening.

"Who goes there?" a deep voice seemed to come from the trees.

Luca and Sofia stopped in their tracks. "It's just us, we're looking for our cat, Milo," Sofia answered, her heart racing.

An ancient tree with knotted branches and dark bark moved slightly. "Only those who respect the forest can understand us," said the tree. "If you are sincere, you may find what you seek."

As they moved further into the forest, they met Alberico, a wise tree who explained that the forest was protected by magical creatures. Soon after, a lively squirrel named Silvia bounced towards them and guided them along a hidden path.

"You must solve my riddle to proceed," Silvia said with a mischievous grin.

"What riddle?" Luca asked.

"What is the most precious thing you cannot see, but you can feel?" Silvia asked.

Luca and Sofia thought for a moment, and then Sofia answered, "Friendship?"

Silvia nodded, satisfied. "Correct! Now I can help you find Milo."

With the help of Silvia and Alberico, Luca and Sofia finally found Milo. He was playing with another animal, a shimmering fox named Zefiro.

"I've been protecting Milo," Zefiro said. "The forest is a special place, and you have shown respect. Now I can show you the real treasure."

Zefiro led Luca and Sofia to a secret spot, a corner of the forest illuminated by a golden light. "The forest gives you a gift," said the fox. "Whenever you are kind and compassionate, you will be able to understand the language of animals."

Luca and Sofia looked at each other in wonder. "Thank you," they said in unison.

Returning to the village with Milo, Luca and Sofia felt braver and wiser. They told their adventures to the other children, teaching them to respect nature and not to fear the forest.

"It's not something to be afraid of," Sofia said. "It's something to protect."

And from that day on, Luca and Sofia often returned to the forest, becoming the guardians of their own little corner of the magical world.

www.ingramcontent.com/pod-product-compliance
Lightning Source LLC
Chambersburg PA
CBHW052237150726

48002CB00003B/1469